母なる海に癒されて

UTSUMI KIYOJI
内海清慈

文芸社

母なる海に癒されて

内海　清慈

目次

母なる海に癒されて

平成十六年の春に私は、福山の友だちに見送られながら、その日泊まる宿のある仙酔島《せんすいじま》という島に渡るために、広島県福山市にある鞆《とも》の浦《うら》の渡海船乗り場に降り立ちました。友だちが持たせてくれた鞆の浦名物・保命酒を片手に。私が鞆の浦を訪れたのは、この時が初めてではなく、三度目でした。しかし、この日私は、とても素敵な体験をして、この場所が大好きになり、それ以後、何度も訪れるようになるのです。

それがどんな体験だったかを書く前に、ちょっと横道にそれるかもしれませんが、鞆の浦がどんな所なのかをお話ししたいと思います。

鞆の浦は、瀬戸内海の有数の港町として栄え、干潮の時と満潮の時の海面が一メートル近く異なるということで、海上交通が主流だった時代に、交通の要衝として重要な役割を果たしてきました。遣隋使や遣唐使といった中国からの使者や朝鮮からの使者が潮待ちのため立ち寄ったり、坂本龍馬など歴史上有名な人たちもたくさん訪れたりしたといわれていますし、七百年ほど前の室町幕府は、この地で興りこの地で滅んだとの言い伝えも残されています。

坂本龍馬が定宿とし、海援隊の船・いろは丸が遭難した時の交渉場所になったという料亭（旅館）の「いろは亭」など、さまざまな時代を物語る史跡や神社仏閣などもたくさんあり、また、船の損傷を防ぐために船を燻した場所の跡である焚場《たでば》や、古くからの港の設備である雁木《がんぎ》や常夜燈《じょうやとう》といった、昔ながらの場所や町並みも残されています。

決してはでな観光地ではありませんが、一度訪れるとお気に入りの場所になったというリピーター客も少なくないと聞いています。高台からの風光明媚な景色は最

『崖の上のポニョ』の１シーンにも取り入れられている場所です！
昔の面影残す海岸（広島県福山市鞆の浦にて撮影）

高で、透明度の高い海と島の織り成す風景が何ともいえないと好評のようです。私は、ちくわやせんべいを作る体験なども出来る「阿藻《あも》珍味」という会社の工場兼資料館のある高台から見た景色が一番好きです。最近は、アニメ『崖の上のポニョ』の原風景の街として一躍有名になりました。宮崎駿監督は、製作スタッフの方たちとこの地を何度も訪れ、アニメの構想を練ったのだそうです。『崖の上のポニョ』に出てくる映像に取り入れられた場所も数多く、ポニョグッズがあちこちに見られるようになりました。ポニョを目当てにやってきた観光客でごったがえすこともあるようです。

平成十六年に私が訪れた時は、そのポニョブームが起こる前だったので、ゆったりと町並みを楽しむことができました。ちょうどひな祭りの時季で、きれいな座敷雛があちこちの家の軒先に飾られており、とても華やかでした。

そんな鞆の浦なのですが、そろそろ本題にはいりましょうか。

その時、どのような体験をしたか。それは心の扉がぱかっと開いたような感覚でした。渡海船で仙酔島に渡り、私がこれから定宿にするようになる国民宿舎に向かおうと歩き出した時でした。遊歩道に提灯が何箇所も立ててあり、その一つ一つに心が癒される言葉が書かれていたのです（この年の秋の台風で遊歩道が壊れた時に撤去したのか、今はありません。とても残念でメモでも取っておけば良かったと思っています）。宿までは歩いて十分くらいだったでしょうか。透明度の高いきれいな海を眺めつつ歩きながら、その色々な癒しの言葉に心がどんどんと和んでいき、気持ちがふわっと楽になった感じがしたのです。そして宿の入り口で「おかえりなさい」というメッセージの書かれた看板が目に飛び込んできました。「おかえりなさい」というのはいいですね、やられた——。ここでもう涙ぽろぽろ。

チェックインを済ましたあとフロントから泊まる部屋に行こうとすると、途中のエレベーターや廊下のいたる所に、『にんげんだもの』で有名な、相田みつをさんの書かれるような癒しの言葉の書かれた色紙が飾られていました。そして、部屋に入ろうとすると足元に「内海様　ようこそおかえりなさい　心のふるさと仙酔島へ潮湯で　どうぞ　ごゆっくりと　おくつろぎくださいませ」というメッセージカードがありました。そのカードの裏には「心におやつ　『公私一如』　自分が自分がという心がグチになるよー　悩みになるよー」と書かれていました。これはもう極めつけで、さらに涙ぽろぽろでした。感性のスイッチが入ったというのはこういうことを言うのだと、私は思いました。この日、この宿で私は何度も感動の涙を流しました。部屋や風呂場で。また食事をしている時も。

自分を見つめなおし、これまでの日々を振り返りました。何のために生きるか。

それはひょっとして、何のためでもないのではないかとも気づかされました。使命感や正義感に燃えすぎ、友達や家族に辛く当たり傷つけたことを思いました。わがままに生きてきたことを思いました。決して自分を必要以上に傷つけたり責めたりするのではなく、そう思いました。そしてさらに、肩の力が抜け本当に気持ちが楽になり、明日からまた頑張れる勇気が湧いてきました。

この地を訪れた数多くの人たちと同様に、鞆の浦の母なる海に癒され、ときめいた私は、この場所が大好きになりました。何度もこの場所を訪れたくなったのはもちろん、私を癒してくれた母なる海に恩返しをしようと決意しました。日本の海、瀬戸内の海の素晴らしさを守り伝えていくためにできることを何でもしたいと心に誓ったのです。

ああ、あの時の鞆の浦の景色が、今でも忘れられません。

＊平成十六年に書いた原稿をもとにその後知り得たことなどを加筆修正し、作成しました。

三重県・鳥羽を旅して

つかの間の休日を利用して、三重県・鳥羽を旅することにしました。久しぶりに海が見たかったし、私がずっと海の歴史とかにこだわってきたその原点ともいえる三重県の海の博物館に行ってみたかったからです。

まず、その日泊まる予定にしていた「海女の郷」という民宿のある国崎《くざき》を目指すことにしましたが、朝八時に出てたどりつくのが夕方四時になるとは思いもよらなかったので、正直疲れました。

なぜ国崎に泊まりたかったのかと言いますと、この旅のもう一つの目的と関係があったのです。その頃から海女の風俗や歴史について調べていたので、海士潜女神社という神社に、是非とも行ってみたかったからです。この神社の名前、なんと読むと思いますか？　「あまかづきめじんじゃ」もしくは「あまくぐりめじんじゃ」と読むのだそうです。潜女という字は普通、「かづきめ」と読むらしいですが、地元では「くぐりめ」と読んでいるのだそうです。人生晴れたり曇ったり。色々あるけど、長いトンネルのような不幸不運の連続のような時でも、それをくぐりぬけるときっといいことがある。いつまでも悪いことばかりではない。くぐりぬけて幸せをつかむという縁起をかついで、「くぐりめ」と読むようになったのだそうです。

話をもとに戻しましょう。

国崎にやっとのことでたどりついた私は、バスを降りて、神社を目指して、人影まばらな浜をてくてくと歩きました。海女さんが漁をしたり、丘に上がって身体を温めるために休んだりしている様子とかが見られるかなとも思っていたのですが、天気もあまり良くなかったためか、見かけることはできませんでした。

八世紀の平安時代の頃から、この土地の海女が伊勢神宮にアワビを採集して奉納していたという記録があり、この神社で伊勢神宮に海産物を奉納するための神事が戦後間もない頃まで行われていたとのことです。その神事が行われなくなった今日でも、七月にはこの神社の例大祭があって賑わうようですが、私が訪れたのは九月で時季はずれだったのか、訪れる人もなく社務所も閉まっていました。「くぐりめじんじゃ」と読むようになった由来にちなんだお守りがあるそうで、そのお守りも欲しかったし、この神社のこととか色々聞いてみたかったのですが、だめでした。今度来るときは、例大祭のある七月にしようと思いました。

もと来た道を引き返し、「海女の郷」を訪ねました。こういう宿に泊まるのは、泊まり客が少なくちょっと寂しい雰囲気になるけれど、シーズンをはずしたほうがやはりいい。そう思ったのは、「これって本当に一人前？」とわが目を疑ったほどの舟盛のついた夕食を頂いた時（新鮮な魚介類に何度も舌鼓を打って、う〜ん満足！）。そして、翌朝に宿の人が、海の博物館まで自家用車で連れて行ってくれた時でした。博物館までの行き方がよくわからず、宿の人に聞いたところ、「連れて行ってあげるよ」と言ってくれたのです。三、四歳くらいの男の子（宿のご主人のお孫さん？）も同乗して。

宿の人にお礼を言って別れ、海の博物館に入りました。展示されているものが多いので、じっくり見るなら三時間くらいはかかると思いましたが、今回は二回目でしたし鳥羽市内に引き返すバスの時間の都合もあったので、かなりはしょって急いで見ることにしました。しかし見学する前に「志摩の海女」というビデオを見せてもらえるので、これで肝心なことがだいたいわかります。お急ぎの人はこのビデオを見ることをおすすめします。

常設展示の一番初めの場所に、私が尊敬する網野善彦さんの著書の一文（『海と列島文化』という書名だったと思います）が掲示されていて、とてもうれしかったです。

常設展示は、海の歴史、海の環境問題に関すること、伝統的に行われてきた様々な漁などに関することでした。何艘もの漁船やたくさんの大漁旗を展示している別館は圧巻です。別館の近くには、カキの養殖いかだがたくさんある大浦の浜辺で、とてもおだやかな景色が広がっていました。志摩の海女は、海に対して敬意を払うことを忘れず、魚介類をとりすぎたり必要以上に汚したりすることはなかったのに、いつの頃からかその海への敬意が忘れられてしまい、乱獲や海の埋め立てや汚染等が原因で魚介類の種類も量も激減してしまったのではないかということです。

博物館をあとにして鳥羽市内へと向かい、鳥羽湾めぐりをした後、岩田準一という画家の生家を資料館にしている「鳥羽みなとまち文化館」を訪ねました。画家であり風俗研究家でもある岩田準一は、志摩の海女や船遊女に関する研究にも力を注いでいたそうです。江戸川乱歩や竹久夢二といった鳥羽ゆかりの人たちと交流があったといいます。

彼の主著である『志摩の海女』という本を手に入れることができ、感動しました。日頃使っている漁具のことから労働歌や昔話などについて、この本に書かれている海女に関する資料はとても豊富で、これを読めば海女について、より一層理解を深めることが出来るなと思いました。海女が手ぬぐいや鉢巻に縫い付けるまじないの模様には、星印のドーマンと縦じまと横じまを交差させるセーマンというのがあり、どっちを使うかは浦によって違うという話はとても面白かったです。岩田準一という人を知ったことは大きかったです。私がこれから何について最も書いていきたいかがわかった気がしますし、書こうとする決意を新たにさせてくれました。

移動の時間に日程の半分を費やしてしまうような旅でしたが、うまい魚も食べることが出来たし、久しぶりに太平洋を見ることも出来たし、何か自分の原点に返れたような気持ちになれた、とっても有意義な旅でした。

＊平成十六年九月に書いた原稿をもとにその後知り得たことなどを加筆修正し、作成しました。

岡山県倉敷市・下津井の思い出

岡山県の倉敷といえば、白壁づくりの土蔵がいっぱい建ち並ぶ美観地区が有名で、もちろんそちらの方も好きですが、私は下津井という所がもっと好きです。

下津井は、瀬戸大橋の岡山県側の発着点である児島から、バスに乗って一時間くらいで行ける港町です。瀬戸大橋に交通の主流を奪われるまでは、この下津井や宇野といった港町が岡山県の玄関で、下津井も古くから港町として栄えていました。昔は、下津井電鉄という電車も走っていて、児島からはそれに乗ると便利だったのですが、平成二年十二月に廃線になりバス路線のみになりました。なんだか不便になってしまったのが残念でなりません。平成十七年の一月と三月、短期間に二度訪れる機会があったので、その思い出などを書こうかなと思います。

時間に余裕があるなら、見晴らしのいい高台にある下津井城跡に登るのをおすすめします。この城は、豊臣秀吉の寵愛を受けた宇喜多秀家が建てた城で、江戸時代になってから、城は一つの地域に一つしか作れないというお達しが出たため、一六三九年に廃城になりました。あまり知られていないのですが、石垣とかがちゃんと残っているのでなかなかいいですよ。城山からの眺めはすばらしく、天気のいい日は、瀬戸内の島々や四国・丸亀などが一望できます。

時間がない時は、下津井の町を少し散策するのがいいと思います。おすすめの場所は、荻野さんというお宅の収集品を展示した荻野美術館、むかし下津井回船問屋、まだかな橋跡といったところかな。

むかし下津井回船問屋は、江戸時代に北前船の中継地として栄えた頃のこの土地の商家を改修し、資料館と食堂、物産店を兼ねた場所として開放している場所です。下津井名物のタコや地元の活きのいい魚を食べさせてくれる食堂と、みやげ物として売ってくれる場所とこの町の歴史を詳しく紹介している資料館があります。下津井のタコを食べるには、保乃家という料亭でコースメニューを食べるのもいいですが、私はここの食堂で、旬のその日のおすすめメニューと一緒に食べるのが好きです。それぞれの魚で旬というものがあります。それをちょっとはずしてしまうかそうじゃないかで、同じ魚でも全然味が違うんです。この時食べたのはメバルの煮付けだったかな。そういう旬のメニューを何品か頼んで、ビールでも飲んで、タコ飯などで締めくくるというようなのが、もう最高ですね!!

おっとっと、忘れてしまわないうちに書いておきます。まだかな橋跡というのは、この町の古くからの町並みが残っている場所の片隅にあります。橋の跡の石碑と看板だけで、うっかり見落としてしまいそうなので、せめて橋の形が残っていればいいなと思ってしまいます。港町としてとっても栄えていた頃、遊郭の年をとった女性が、「まだかなまだかな」とお客を待っていたことにちなんでこの呼び名がつけられたのだそうです。

私がここに来ると、泊まるのはいつも六口島という島にある六口荘という民宿です。象岩亭という民宿もあるそうなのですが、私はいつもこの民宿に泊まります。六口島行きの船乗り場という目印がある所からいつも電話するようにしています。電話したら十五分くらいで迎えに来てくれます。私が良く泊まるのはシーズンオフなので、宿の人が持っている漁船で迎えに来てくれますが、乗り込む時に結構揺れるので要注意。

六口島はこの宿の人のお家も含めて、人が住んでいるのが四、五戸といった感じの静かな島です。

海水浴シーズンは賑わうのかなあ。夏ごろ一度行ってみたいと思いますが……。でも、シーズンオフのほうが、サービス良くていいですよ。寝る部屋、食事をする部屋、休憩する部屋と三部屋使わせてもらえる時もありますから。とれたての魚や海苔などをいっぱい食べることができます。

初めて泊まった時、たらふく食べて飲んでそのまま寝てしまったことや、三月頃泊まった時に食べた、いかなごの煮付けの味が今も忘れられません。「おやつに食べて」と出してくれたミカンやハッサクの味も。

宿に着いてから時間のある時は、よく浜辺を歩きます。波の浸食によって、ゾウさんの頭のような形になった象岩という岩があって、これは見ものです。本当にゾウさんの頭のような形になっているんです。地球のロマンって感じで、なんかええなあ。

象岩（岡山県倉敷市六口島にて撮影）

この島の人の生き方には感心させられます。島の天然水をうまく利用しているという感じですし、食べ物もほとんどこの島でとれたものです。

朝早く起きて散歩している時、一人の女性に出会いました。挨拶してさっとすれ違ったかと思うと、海藻をとりに行くのか、みるみるうちに引き潮の浜を歩いて岩場に姿が消えてしまいました。う〜ん、たくましい!! 人影まばらな島ですが、ほとんど自給自足ができているわけで、楽園といっていいと思っています。

宿のおばちゃんどうしているかな? 懐かしいなあ。おばちゃんの人懐っこい笑顔が今も忘れられません。

私にとっては、心の故郷といっていい場所のひとつです。

＊下津井を訪ねたのは三回で、それぞれの記憶をたどりながら、平成十七年の一月と三月に旅して書いた記録をもとにしたためました。

兵庫県・明石周辺の思い出

海人に関する伝説を調べて、兵庫県明石周辺を旅したことがあります。どんな伝説かといいますと――「允恭天皇」（「いんぎょうてんのう」と読みます）という天皇が、淡路島で狩りをしたのですが、全く獲物がとれなかったのです。「なんでだろう?」と思って占いをしたところ、「それは島の神様が怒っているからだ。明石の海の底に大きなアワビがいて、その中に真珠が入っている。その真珠を取ってきて供えてくれたら獲物がとれるようになる」というお告げが出たので、海に潜ってくれる人を探したところ、阿波の国・長邑に住んでいる、男狭磯（「おさし」と読みます）という人が名乗り出てくれました。その人のおかげで真珠を手に入れることができ、それをお告げ通りに供えたので、狩りが元のように出来るようになりました。しかし、あまりに深い所まで潜ったので、男狭磯は病気になってしまい、亡くなってしまったのです。天皇や浜の人たちは、男狭磯の死を悼み、墓を作って弔い、今もその墓が残っています――という話で、その男狭磯という人の出身地がどこであるか、墓の場所がどこであるか、について色々な説があります。そして、淡路島の岩屋にある石の寝屋古墳という古墳がその墓だとされる言い伝えもあります。海人の伝説が残っている所を一つずつ調べていたので、是非行ってみたいと思ったのです。明石市の兵庫県立図書館に行くとたくさん資料があったので、よくわかりました。

ちょっと話が横道にそれますが、明石には魚の棚商店街という、魚屋さんや食堂が軒を連ねる商店街があります。明石沖の海でその日にとれた活きのいい魚を売っています。明石名物・明石焼きはもちろん、タコやアナゴやエビなど、揚げ物にしたり照り焼きにしたり佃煮にしたり調理方法はさまざまで、それぞれの店が競って売っています。どの店の味も甲乙付けがたく、いつも目移りします。時間のある時は、是非行ってみてください。いいですよ!!

明石のタコ焼きは、卵とじん粉やダシ、小麦粉を混ぜた生地で作ったものをダシで食べる明石焼きというのが、人気ですけどどうでしょう? 普通のタコ焼きがいいという人もやっぱりいますよね。二種類のタコ焼きを五個ずつセットにして食べさせてくれる店もあります。最近は、タコ焼きを入れたコロッケが出始めて、その味も新鮮で面白いなあと思っています。

話をもとに戻しましょうか。明石の図書館で下調べが済んだ後、淡路島に渡りました。この時は「旅館島家」という宿に泊まりました。今は営業していないので残念でしょうがないんですけど、ここからの見晴らしが良くて、朝早起きをして撮影した朝焼けの美しさが忘れられません。料理もおいしかったし、何で廃業してしまったのかな?

明石海峡大橋ができて、高速道路で兵庫県から徳島県までつながってしまうと、なかなか船を使わなくなるため、淡路島の北の玄関口である岩屋には人が来なくなってしまったからなのでしょうか。

さて、石の寝屋古墳は、岩屋からバスに十分くらい乗り、東長浜というバス停で降りて歩いて行くらしいのですが、結局見つかりませんでした。岩屋港の事務所に置いているガイドマップに載っているくらいなので、かなり知られた場所だとは思ったのに、残念です。大きな石をやぐらのように組み立てた古墳だと資料には出ていたのですが……。山の中に不自然にコンクリートで埋めてある場所があったので、そこかもしれないし、土砂にかなり埋もれているけれど石が不自然に重なった場所もあったので、そこなのかもしれません。

しかしながら、その古墳があったと思われる場所まで登っていく途中の道から、明石海峡の眺めがとっても素晴らしく、古墳を見つけられなかった悔しさも吹っ飛ぶような思いでした。その古墳と男狭磯という海人の時代とはかなりずれるのですが、この古墳に埋葬されるだけの海に関わる有力者がいたことは確かで、この古墳に埋葬された人も、明石海峡の雄大な景色を眺めながら、海の見張りのようなことをしていたのかなと思いました。

明石海峡の朝焼けと石の寝屋古墳の近くの高台から眺めた景色が、懐かしいです。

＊平成十七年に旅して書きとめた記録をもとに、その後も何度か訪ねた記憶で補いながら、まとめてみました。

讃岐・津田周辺の旅

名古屋からの帰り道ではあったのですが、「中世の津田を歩く」という原稿を執筆中ということもあり、ふと讃岐・津田周辺を歩いてみたくなりました。

津田は、香川県高松市から列車で約一時間くらいの所にある「津田の松原」という松林で有名な場所です（瀬戸内海国立公園に指定されています）。

きれいな松原がある津田とこの時特別に立ち寄った鶴羽《つるは》は、古くから港が開かれていたようで、神戸の港に入った船の荷物などを詳細に記録した兵庫《ひょうご》北関《きたぜき》入船《いりふね》納《のう》帳《ちょう》に讃岐の鶴箸から入船した船として書かれているのが、鶴羽の船といわれています。私は、その通説に疑問を持っていました。鶴羽は「つるは」と読めば確かに鶴箸と音ではかなり近いとは思うのですが、本当に鶴箸を鶴羽としていいものかどうかと。鶴羽という所は、鶴羽荘という荘園が置かれ、古くから開けた港とされていたので、一度その鶴羽を歩いてみたかったのです。

現在の鶴羽港は、現代風に改修されているため、鎌倉時代や室町時代の港の面影は全くありません。しかし、鶴羽港を含めて少し南に位置する打伏の鼻という小さい岬までは、青木海岸という入り江が形成されていて、打伏の鼻から鶴羽港の方角を眺めると、さもありなんという光景でした。鶴羽駅から港までの途中に「岡の端」(「おかのはな」と読みます)という地名が残っていて、「おかのはしっこ」と考えてよいのではないかと思われる地名です。この推測が可能なら、現在の鶴羽駅の近くまで昔は海岸線が入っていたと思われます。今より大きい自然海岸を利用した昔の鶴羽港を想像できました。

この日は、「津田の松原」の近くの「千歳旅館」に泊まりました。ここにはクアパーク津田という洒落た国民宿舎が海辺にあって、オーシャンビューも楽しめてい

池の輝き（香川県津田琴林公園）

いとは思うのですが、この日以降、私はこの町に来るとこの千歳旅館に泊まるようにしています。

この日泊まった時は確か二度目だったと思うのですが、若おかみと思われる人に、「お久しぶり!!」と言ってもらえたのがうれしくて、それ以来定宿の一つになったのです。前回泊まった時、帰りの列車でその若おかみと思われる人と同席することになり、高松駅に向かう途中まで会話に花が咲き、楽しかったことを覚えています。書や絵画が好きな方で美術館にこれから行くのだと話しておられて、上品そうな人だったなあという記憶があります。宿泊の値段は手ごろですし、料理もおいしいし、私はこの宿が好きです。津田の松原の側にある旅館で、風にゆすられた松の音が琴の音色に聞こえたことから琴林公園という異名もあり、松林の中の散策を十分楽しむことができます。

中秋の名月に照らされた松林がどんなにかきれいだろうと、一度行ってみたいなあと思いつつ（中秋の名月の時季には行けていませんが……）、宿をあとにしました。

＊平成十八年に旅した時に書き留めたものをもとに作成しました。

沖縄を旅して

長い休みが取れたので、四泊五日の日程で沖縄を旅しました。今回は是非会いたいと思っていた人と会う予定があって、那覇で二泊、石垣島で二泊しました。一口に沖縄といっても見所が多く、どうせ全部見て回ることはできないと思っていたので、かなりはしょった旅になりました。けれどそれはそれでとってもいい旅になりました。

松山空港で飛行機を待っている時に、ふと泡盛の酒蔵を見てみたくなりました。ガイドブックを見ながらだめもとで電話してみると、咲元酒造という酒蔵が、「あどうぞ、いらしてください」と言ってくださったので、那覇に到着後行ってみることにしました。

那覇空港から那覇市内は、ゆいレールというモノレールが走っているので、これに乗って移動するのが便利です。咲元酒造さんも、首里城近くの確か首里という駅で降りてすぐなので、それで行けばよかったのですが、なんにも知らなかったものだから、とんでもないはめに陥りました。タクシーに乗ったら、全然違う酒蔵に連れて行かれてしまったのです。それでも、なんとかたどり着くことが出来ました。

お客が少ない時期なのか、なんと社長さん自ら案内してくれました。太平洋戦争の空襲で焼けるのを免れた数少ない酒蔵の一つなんだそうです。順を追って製造過程を見せてくださいました。面白いと思ったのは、泡盛って焼酎なんですけど、米から作られるということでした。江戸時代、中国の米など外国の米を使って作り始めたのだそうです。沖縄の焼酎だからてっきりサトウキビで出来ているとばかり思っていたのですが……。麹を入れてだんだん酒になっていく過程がとても面白かったです。そして最後に試飲。三種類の泡盛を飲ませてもらったのですが、すっかり酔っ払っちゃいました。

二日目の午後、今回の旅の第一目的だった、Iさんという人に会うことになりました。「手織舎すずめ」という工房をやっている方で、沖縄独特の織物の手法を活かした「ぱに織り」で織ったものを、ゲットウ、フクギ、タマネギの汁で草木染めし、キンチャクやコースターにして販売しながら、沖縄の海を守る活動もしています。もともとは神奈川県に住んでいたのですが、結婚されてご主人と沖縄に住むことになったのだそうです。漫湖公園という市街地でありながらラムサール条約に登録されている干潟を見学したりして、工房へ行きました。タマネギの汁で染める工程を一時間ほど見学させていただきながら、おしゃべりしました。はるか遠い沖縄で、自然保護など同じ思いを持っている人とのひと時は有意義でした。

さあ三日目、いよいよ石垣島に渡りました。名蔵アンパルのある八重山（「やえやま」と読みます）民俗園（現「石垣やいま村」）にまず向かいました。石垣島の自然を、陸からゆっくりと味わってみたかったからです。とっても広い公園で、植

マジャオン（沖縄県石垣島白保にて撮影）

物園や動物園、そして八重山地方独特の民家を見学できるところなどがあります。マングローブの森を陸地から見学したり、人懐っこいリスザルのいる動物園に立ち寄ったりしながら、二、三時間ほど散策しました。最後に、展望台から石垣島の海を眺めた時、心がパカッと開いて感性のスイッチが入った感じがして、涙がポロポロと流れてきました。何かここまで来られたことが素直にうれしくて……。

その日は、白保（「しらほ」と読みます）というサンゴ礁のきれいな海のある集落に泊まり、翌日昼までゆっくりできました。道端で一休みしていた時に、五歳くらいの男の子が「どこ行くなあ?」とたずねてきました。「すぐそこ」と答えましたが、どうも通じていないようでした。そうなんだ、ここは南方石垣島なんだ。石垣島の言葉をしゃべらないと……。でも男の子は気にするようでもなく、なかなかそこを離れようとしなかった可愛らしさが印象的でした。

その日の午後は、石垣島観光という所にお世話になり、石垣島のネエネエ（姉姉）のガイドで、カヌーとシュノーケリングを楽しみました。まずは宮良川（「みやらがわ」と読みます）の河口付近のマングローブの森をめぐりながら、カヌーに乗りました。マングローブっていうのは、樹木の名前ではないってご存じだったでしょうか? マングローブというのは、日本では、沖縄、奄美大島付近を北限とした、海水と淡水が入れかわる場所に育っている亜熱帯性の植物の総称を言います。沖縄では、オヒルギ、メヒルギ、ヤエヤマヒルギが見られます。たいまつのような木になるのがメヒルギで、ひざっこぞうをかくっと折り曲げたような形の木になるのがヤエヤマヒルギなのだそうです。ゆっくりカヌーに乗りながら、それぞれの木の違いを楽しんだりしました。

そしていよいよ、生まれて初めてのシュノーケリングに挑戦しました。シュノーケルをうまく使いこなせなくて悪戦苦闘してしまいました。何度も潮水を飲んでしまうことになって、ゲホゲホ言ったり、前の晩にシマラッキョウを食べ過ぎていて、ゲップが出たりして大変でした。ガイドのネエネエが大笑い。う〜ん、参ったなあ。でもそれもいい思い出です。

最後の日、竹富島という島に行き、水牛の引く車に乗せてもらってゆったりしたりして、帰路につくことになりました。石垣島も竹富島も海の美しさが想像以上でした。美しい自然に身を任せているうちに、全身の余計な力が抜けていくのを感じました。正義感や使命感も少なくなっていき、つまらないことでいらいらしたりするのがばからしくなりました。島の人の人情に触れるにつけ、「ナンクルナイサー」という言葉が、本当に腹に落ち、心身ともにリフレッシュすることができました。

夏川りみさんの『涙そうそう』という歌を聞くたびに、あの時の感動が蘇り、今でも涙が出てきてしまう私であります。

＊平成十九年二月に沖縄を旅した時に書いたものを、その時の思い出をフラッシュバックさせながらまとめてみました。

備前・八浜を歩く

岡山県の八浜《はちはま》が海に面していた頃の歴史を調べていた折、どうしても八浜の町並みが見たくなりました。そう思っていたら、知り合いのFさんが案内してくださるというので、早速行ってみることにしました。

瀬戸大橋の中国地方側の玄関口というべき児島は、現在は陸でつながっていますが、昔は小島と書かれていた頃もあったように島でした。それが、河川の土砂の堆積によって島の北側の海がどんどん浅くなっていき、鎌倉時代には陸続きになっていました。島がつながって、児島半島といわれるようになったあと、この半島の東側は長い間、児島湾という海水が入り込んでいる海岸だったのです。江戸時代の記

児島湖（岡山県玉野市）

録には、何月にどんな魚がとれたとかと書かれています。現在は、児島湖となっていますが、私は八浜が海に面していた頃のことが知りたかったのです。

八浜の歴史に詳しいという方のお話が聞けることになり、Ｆさんと十一時過ぎに八浜駅で落ち合い、八浜の町並み保存拠点地区になっている資料館に向かいました。八浜は古い町並みがきちんと保存されているようで、白壁の土蔵を持った建物がいっぱい残っていました。

資料館は、モガイの養殖等で財を成し、衆議院議員にもなった藤原元太郎の旧邸宅を見学用に開放している施設でした。国鉄宇野線が引かれるようになったのもこの人の尽力によるところが大なのだそうです。ここには、八浜が海に面していた頃の漁をしている写真なども展示されており、とても参考になりました。

お話を伺ったあと、八浜の町を散策することにしました。まず、金剛寺というお寺などを眺めながら両児山という山に登ることにしました。きつい坂を登ったら広場があり、八浜の町並みが一望できました。その景色を眺めながらお弁当を食べることができて最高でした。

両児山には、八浜八幡宮と快神社（「こころよしじんじゃ」と読むのだそうです）があり、岡山藩主である池田家のお殿様が香川県の金比羅さんにお参りに行ったりする時に、休憩によく立ち寄ったのだそうです。

両児山から下山したあと八浜の町を散策しました。八浜は昔海に面していたのですが、やがて湖となり、現在は淡水湖になっています。海に面していた頃は、元川という川の河口を生かした水運が発達し、ハイガイの養殖や酒造、醤油の醸造も盛んで町はとても賑わっていたそうです。

元川は、今は半分ほどの川幅に埋め立てられてしまっていますが、船を引き込むための施設跡が残っていて、当時をしのばせます。訪れた時、ちょうど秋祭りが行われていて、山車や御神輿が出ていたり、獅子舞が演じられていたりと、風情があって良かったです。

児島湖は昭和の干拓事業によって昭和三十四年に完全に淡水化しました。その干拓地をFさんに案内してもらいました。児島湾の干拓事業は、第二次世界大戦終戦頃の苦しい食糧事情を克服するために積極的に進められ、Fさんのお義父さんもその事業に関わっていたのだそうです。

その後、干拓地の耕地化は順調に進んでいるようで、酪農を営んでいるところもあり、ジェラートアイスを販売したりしているところもありました。たくさん歩いて汗をかいたあとでしたので、ジェラートアイスがおいしかったです。地元の方の努力で、野鳥が沢山いたり、湖や干拓地内の水路の水質が維持されていたりすると聞いて、うれしかったです。

その日の夜は宇野という所の旅館に泊まりました。瀬戸大橋ができるまでは、香川県の高松駅から宇高連絡船に乗り、宇野で電車に乗り換え岡山に向かっていました。昔は宇野が中国地方の玄関口で賑やかだったと記憶しています。その頃の面影を思い出させてくれるものはあまり残っていませんでした。ちょっぴり寂しかったですが、学生時代よくこの路線を利用したのが本当に懐かしくなりました。八浜駅もその沿線にあります。現在は瀬戸大橋線ができて、よほどのことが無い限りこの宇野線を利用することはなくなりましたが、宇野線を利用していた頃の記憶とともに、私にとっては車窓から懐かしい風景が楽しめる町だといえます。

八浜駅周辺は、きれいな田園風景が広がっているので、昔海だったとは想像することもできません。ふとしたことで、海だった頃の文献を目にしたことがきっかけの旅でしたが、当時のことを書きとめておくことも大事だなとしみじみ思った旅でした。

岡山県の古文書には、児島周辺の変遷がわかるものが多いので、改めて詳しく調べてみたいと思っています。

＊平成十九年に旅した時の記録をもとに作成しました。

近江路を行く

とっても寒い時季ではありましたが、ふと滋賀県の琵琶湖の近くに行ってみたくなりました。

まずは、新旭町《しんあさひちょう》（その後合併され、現在は高島市）という所を訪ねました。この新旭町には、川端（「かばた」と読みます）という炊事場を兼ねた湧き水の出る場所があり、『里山　命めぐる水辺』（平成十六年放映）というテレビのドキュメンタリー番組で紹介されました。それをきっかけに脚光を浴び、たくさんの人が訪れるようになった、まさに自然と共に生きる街です。平成十六年の六月に初めて行ったのですが、その後注目されるようになってから地元の方が有志で実行委員会を立ち上げ、エコツアーを行っていると知り、再び行ってみたくなったのです。

通常は、琵琶湖岸の遊歩道をゆっくり散策したりするツアーだということなのですが、この時は大雪が降り、予定を変えて車で案内して頂きました。それにしても、滋賀県に入ったとたん「トンネルを抜けたら雪国だった」というような景色になってびっくりしました。

よく晴れていたら琵琶湖のきれいな景色が見えるのですが、この日はどんよりと曇っていました。しかし、ヨシという草や水草の新芽の緑と雪景色のコントラストがとってもきれいでした。針江川という川の河口に、琵琶湖でフナなどをとる漁師さんが船を留めている船着場があり、そこの景色は、もう最高でした。この船着場は、この街で一番人気のある場所で、観光マップなどにも写真が載っています。その時私が撮った写真で作ったポストカードは、「ここどこ？　外国？　ヨーロッパに行ったみたい」と好評です。

そしていよいよ楽しみにしていた川端を見に行きました。川端は針江地区の各家

琵琶湖でフナなどをとる漁師さんが使っている船です
船着場（滋賀県新旭町にて撮影）

庭一軒一軒にあり、水路が引き込まれていて炊事場を兼ねた場所になっています。水路が引き込まれた炊事場にご飯を食べた後の鍋やお茶碗をつけておくと、コイなどの魚が近寄ってきて、ご飯粒などを食べてきれいにしてくれるのです。洗剤なんかなくてもそれで十分きれいになるのです。そして家庭排水の残りの汚れは琵琶湖のそばのヨシがろ過してくれるのです。まさに自然と共生しているって感じでしょ⁉　洗い場まで泳いで来たコイがとても人懐っこく、平成十六年に来た時に指をつっこんだらコイがカポッとくわえたことを覚えています。全く痛くはなかったですが、コイに噛まれたのは生まれて初めてだったのでびっくりしました。私の指が麩か何かに見えたのかなあ？　びっくりして指を引っ込めたことにコイもびっくりしていました。そんな人懐っこいコイも今回は冬で寒かったのか、じっとしていました。井戸のようになっている場所では、夏はスイカを冷やしたり、冬はタクアンをつけて塩抜きをしたりするのだそうです。庭に湧き水が出ている家もありました。冬は凍るのかなと思ったのですが、地下水は、冬は温かく湯気がたっている所もあり、凍ることはまずないそうです。やわらかい感じの味の湧き水がとてもおいしかったです。

ツアーの最後には、公民館でお接待がありました。地元のお豆腐屋さんの豆腐を使った湯豆腐、小アユの佃煮、フキノトウ、ユキノシタ、小アユの天ぷらなど、全てこの土地でとれた食材を利用したものでした。う～ん、まさに地産地消ですね。琵琶湖のアユは川を遡上しないのであまり大きくならないのだそうです。あまりに小さいので、食べるのが可哀そうと思わなかったわけでもないのですが、「いのち丸ごといただきます」って感じでした。フキノトウも何か小さかったなあ。まだまだ寒い冬だけど、じっと耐え、もうすぐそこまで来た春の訪れを待っているという、何か生命の息吹のようなものを感じました。

さて、案内してくださった人たちと別れ、その日は、近江高島という所にある恵比寿荘という旅館に泊まりました。家庭的で雰囲気のいい宿でした。

翌日は、近江今津という所にまで足を伸ばしました。私の大好きな「琵琶湖周航の歌」という歌の資料館と記念碑があると聞いていたので、是非とも行ってみたかったからです。「琵琶湖周航の歌」は京都大学のボート部のゆかりの歌で、キーボードで自分で音をとって口ずさむほど私は大好きです。それはなぜか。学生時代を関西で過ごした私にとってはまさに思い出の歌のひとつなんです。この歌を聞くと、琵琶湖の雄大な風景とともに学生時代の色々なことが蘇りじんと来てしまうんです。近江今津の駅から、琵琶湖畔まで歩いていく途中に資料館はあります。入り口にたどり着き、この歌がBGMで流れているのを聞いたとたん、もう涙ぽろぽろでした。

この歌のことがよくわかって良かったなあ。

　この資料館の受付で、「ザゼンソウという草の花が見頃なので是非行ってみてください」と言われ、行ってみました。近江今津の駅からバスで十五分くらいの所に群生地があり、有名なのかたくさんの人が来ていました。ザゼンソウというのは、サトイモ科の植物で、滋賀県の北部が南限の湿地に育っていて、二月頃がちょうど見頃なのだそうです。肉眼で見るとキラキラとてもきれいに輝く花で、お坊さんが座禅を組んでいるように見えるので、その名がついたのだそうです。そんなに大きくはない可愛らしい植物で、雪が降ったあとで、残雪とのコントラストが見事でした。

　大学時代の友人と待ち合わせている堅田《かたた》という所に向かうため、この旅の一番の目的であった場所を後にしました。新旭町は、近江高島や近江今津と市町村合併をして、現在は高島市という市になっていますが、市長さんが平和や環境問題に熱心な方で、人と地球に優しい町づくりをしています。決してぜいたくな街ではないけれど、この土地でとれたものを大切にして、人も動物も植物も仲良く手を取り合って生きている。そんな温かさを感じ取ることの出来る素敵な街だと思いました。次回は、ホタルの飛び交う時季か紅葉の季節に行こうかな。

＊平成二十年に旅した時に書いた記録をもとに、それより前に訪れた時のことを加えたりしながらまとめてみました。

周防大島を旅して

山口に行く機会があったので、その便を利用して、周防大島《すおうおおしま》を訪ねることにしました。周防大島は私が敬愛する民俗学者である宮本常一さんの出身地で前々から行ってみたいと思っていたのです。

例の如く行き当たりばったりの旅であったため、余分な時間がかかってしまうことに……。しまなみ海道を通って福山経由で山口に向かってしまったので、福山から周防大島へ渡る大畠までが遠かったこと。まさかこんなに時間がかかるとは思わなかったのです。

四国から、山口県の瀬戸内沿岸、周防大島や柳井方面へ行くのなら、松山の三津浜港から柳井港行きのフェリーが出ていて、柳井港までは二時間ほどで行けるのでそれを利用することをおすすめします。何便かは周防大島の伊保田《いほた》に立ち寄るので、ここで下船して、周防大島島内を回ることも出来ます。

ああ～、疲れた!!　でも、広島から大畠までの列車の車窓からの眺めは悪くなかったので、まあいいか。

大畠からバスに乗り、平野という所に向かいました。ここには、図書館と郷土資料館のある「周防大島文化交流センター」があり、宮本常一さんの文献などが置いてあると聞いていたので、是非立ち寄ってみたかったからです。作曲家の星野哲郎さんの記念館も隣接しています。

施設内に民具資料展示コーナーがあり、宮本常一さんの足跡に関する資料が特別展示されていました。宮本さんが撮影した何万枚にも及ぶ写真のうちの昭和三十年頃からそれ以後の写真と取材記がちょうど展示されていました。宮本さんは、日本全国の農村、漁村を歩き、写真を撮り、記録にとどめながら、農村、漁村の文化の振興と保存に生涯をかけました。たくさんの写真の中には、村の人々の写真もあり、宮本さんの温かいまなざしと熱い思いを感じました。

特に漁村の写真にはぐっと来るものがありました。というのも、私も日本の海の風土と歴史を学んできた者の一人で、日本の海を取り巻く状況が少しずつ変わっていく姿に少なからず思うところがあったのです。やっぱねえ。日本人は紛れもなく海洋民族です。海と共に生き、海に敬意を払って生きてきたはずなのに、昭和四十年頃からの高度経済成長に伴い、海を忘れて生きることになってしまいました。海洋民族である日本人が海を忘れた。そのことが、海を必要以上に埋め立てるなど、さまざまな環境破壊を招きました。地方文化の切り捨ての要因にもなりました。そんなことを宮本さんの写真は物語っていて、これからは少しでも海を取り戻さなければならないと思いました。

それにしても、交流センターの前に広がる海はおだやかできれいでした。海を見ていると、日頃のごちゃごちゃしたことがどうでもよくなるというか、小さいことにこだわっているのがつまらなくなるのは、私だけでしょうか。民宿に向かうバスが来るまでかなり時間があったので、おだやかな海を眺めてくつろぐことができました。

平野から大畠行きのバスに乗り、その日泊まる民宿へと向かいました。バスには、通勤通学の人たちがたくさん乗っていてとても賑やかでした。地方のバスもこれくらい人が利用するといいですね。

宿泊する民宿は、周防大島の北西海岸に位置する小松瀬戸にある「つるや」です。大きなホテルが近くにできてお客を取られているのか、お客は私一人でしたが、美人のおかみがいる感じのいい民宿で、夕食に出たアジの刺身は旨かったです。まさにとれたてといった感じでこんなおいしいアジの刺身は初めてと思いました。刺身を食べながらビールを一杯、プハー。もう最高！　贅沢ではないけれど、こういう宿もいいんじゃないのかなあと思います。

そんなに長い時間ではなかったのですが、周防大島の雰囲気を十分楽しむことができたあと、私は環瀬戸内海会議という会の仲間と落ち合うために、柳井港へと向かいました。

周防大島の周辺の海は、スナメリを見ることができるような生態系豊かな海だと聞いていましたが、実際に本当にきれいで穏やかな海でした。四国側とはまた違うものがあり、良かったです。

＊平成二十年に旅した時に書き留めたものをもとに作成しました。

島旅日記

友人のS君と愛媛県今治沖の橋の架かっていない島を旅することになりました。愛媛県今治市から広島県尾道市までを九本の橋でつないだルートを「しまなみ海道」というのですが、その海道に橋でつながっていない、行政区分で言うと越智郡上島町と呼ばれている岩城島、生名島《いきなじま》、弓削島《ゆげしま》、豊島《てしま》、魚島《うおしま》などの島々で構成された所です。生名島と佐島、弓削島は最近になって橋でつながりましたが、これらの橋は「しまなみ海道」の本ルートとは別になります。役場のKさんと知り合いなので岩城島には何度も行ったことがあったのですが、弓削島、豊島、魚島には行ったことがなかったので、是非行ってみたいと思ったのです。

今回は岩城島まで今治港から船で行くことにしました。しまなみ海道開通以来、生口島という所まで車で行き、そこから岩城島に渡ることが多かったので、久々の今治からの船旅にわくわくしていました。快速船の旅は心地よかったです。霞のかかった海峡を船はゆっくりと進んでいきました。遠い昔、村上水軍も同じ風景を見ていたのかなと思いました。

岩城島の港まで、お昼ごはんを食べる予定にしていた「でべそおばちゃんの店」の人が迎えに来てくれていました。「でべそ」とは、島の方言で「でしゃばり」というような意味らしいです。岩城島は「青いレモンの島」ということでレモンを中心に地産地消を進めています。地元の生活研究グループの方たちが、島の特産品を活かした食物作りに取り組んでいる過程で、農家レストランとして開業して三年になるのが、この「でべそおばちゃんの店」です。加戸前愛媛県知事も「おいしい‼」と言ったレモン懐石が、好評です。果実はもちろん、葉、茎、花まで岩城島特産のレモンを丸ごと味わうことのできるメニューでした。レモンの皮にごはんを盛っているのは良かったなあ。レモンの香りが爽やかな料理はどれもおいしかったです。「牧水が　むかしの酒のにほひして　岩城の夜は寂しかりけり」という吉井勇の歌碑のある岩城郷土館に立ち寄ったりして、岩城島に泊まった翌日は、役場のKさんにあっちこっちを案内してもらいました。因島と弓削島のみに行くつもりでしたが、せっかくだからということで向島《むかいしま》、尾道にも足を伸ばすことになりました。これがなかなか楽しかったです。向島の高見山からの眺めは、私の大好きな岩城島の積《せき》善山《ぜんやま》からの眺めに勝るとも劣らないものでした。岩城島の積善山は岩城島を中心に三六〇度の見晴らしですが、この高見山は芸予《げいよ》諸島の扇の要に位置するという感じで、西のほうの島はもちろん大好きな鞆の浦の東側の島まで見渡すことができました。

昭和レトロの風情のある町並みのある向島。昭和初期頃の看板を残した場所が何とも言えないなあ。大林宣彦監督の『さびしんぼう』という映画のロケ地にもなった向島から渡船で尾道へ、そして因島と案内してもらい弓削島に着きました。弓削島というのは、千年くらい前に京都の東寺というお寺の領地である弓削島荘という荘園が置かれていた所です。Ｋさんによると荘園の時代くらいまで遡ることのできる石塔や建物の残る願成寺、定光寺など弓削島の主だったところを一時間そこそこで案内してもらいました。法王ヶ原というきれいな松原のある海岸は良かったなあ。

さてさて、ゆげロッジ（平成二十三年一月に閉館しましたが、同年五月にインランド・シー・リゾート「フェスパ」として改築オープン）という所に泊まって豊島、魚島に行くことにしていたのですが、離島の不便さを味わうことになるのです。豊島に立ち寄る船が一日二便しかないのです。八時十分の船に乗っても良かったのですが、ゆっくりしたかったので、十五時五十二分の船に乗ることに。そういうわけで、半日近く弓削港周辺で時間をつぶすことにしました。プールのある温泉施設があるようだったので、そちらに行っても良かったかなと思いました。でもそれはそれで別の時間の使い方もいいもので……。港の待合所でまったりとするのもいいものです。

港のそばの「かどや」というスーパーの中にあるお好み焼き屋さんでおやつ代わりにたこ焼きとビールを買って、ちょっと失礼して、「プハー‼　うまいんだなこれが、困ったことに⁉」てな具合。具沢山でしっかり焼けたおいしいたこ焼きでした。

昼食は「しまでカフェ」という店がおすすめです。この島が好きになった人が東京から引っ越してきて、島の特産品を活かして魅力を伝えていくことによって、地産地消も進めていこうと一念発起して開業した店です。この島では、島でとれた野菜等をふんだんに取り入れながら弁当にしてゆっくり食事（主に昼食）を楽しむ「摘み菜」という風習があるのだそうですが、それにちなんだ摘み菜ランチか、レモンポークという、島で育った豚の肉で作ったハンバーグかポークソテーを主菜にしたママズランチがおすすめ。店の人が集めたレコードを聴いたりすることのできる雰囲気のいい店です。

豊島で泊まり、最終日は魚島へ行きました。この時の魚島はかつてあった旅館が廃業したり、食堂とかもなかったりして寂れた感じがしていました。何とかならないのかなあ――と、思っていたところ、魚島観光センター（平成二十三年八月オープン）ができて、宿泊もできるそうです。また、島内の大島商店というお店では、食料品や衣類、文具などの生活必需品を買うことができるのだとか。

亀居八幡神社には是非行ってみたかったので、急な坂を汗を拭きつつ登っていきました。端午の節句の里のお神楽（？）がちょうど始まるところで、「やあいらっしゃい。さあどうぞ!!」と言って、お宮の中にあげて頂きお神酒まで頂くことに。神主さんの祝詞に合わせて島の人たちが鈴等を鳴らすという、お念仏のようなものでした。子供たちの成長や大漁祈願をする里の行事といったところかな。でもなんかほのぼのとした温かさを感じました。

十三時十分の船で帰路につきました。離島の不便さを感じることもありましたが、色々な人に会えたりして良かったです。岩城島、弓削島、豊島と島が沖へと進むに連れて魚介類の鮮度が増していったのが印象的でした。「でべそおばちゃんの店」「しまでカフェ」は、島の今後の未来像といえます。決してぜいたくではないけれど、島でとれたもので生活出来る。これこそが真の豊かさというものではないでしょうか。ちょっと交通の便は不便かもしれないけれど、橋の架かっていない上島町の島が私は好きです。

その後、平成二十四年一月に行われた「地域応援セミナーとうよ」というイベントで、上島町の方の話を聞く機会に恵まれました。上島町は現在、まちおこしに熱心な方がたくさんおられ、島を盛り上げようという気運が高まっているようです。今後が大いに楽しみです。

＊平成二十一年に旅した記録をもとにまとめてみました。

高知を旅して

「描かれた海女と玉取り説話」という原稿を執筆中だった頃、その原稿に関する資料の入手を兼ねて、友人のＳ君と高知を旅することにしました。それにしても、高知がこんなに人気があるのかとびっくりするくらい、あっちこっち満員で大変でした。高知へ向かう途中、香川県の多度津から高知までの車中は立ちっぱなしとなってしまい、早くもへとへとになったので、少し長めの昼食を取ることにしました。

まずは、この旅の一番の目的である高知県立歴史民俗資料館に行くことにしました。この資料館の図録を是非とも入手したかったからです。どんなものかと言いますと、室戸市の八幡宮で、にわか芝居が奉納される時に飾られる幕に海女の玉取り説話を描いた絵が掲載されているとのことなんです。受付の方にうかがうと、以前はその幕を常設展示で公開していたけれど、古くなり損傷も激しくなったので現在は倉庫にしまっているとのことでした。「宝珠を奪還した海女が、龍に追いかけられて命からがら逃げる」という伝説をモチーフにした絵は、図録で見るだけでもなかなか見事でした。

第一目的を果たしたのでほっと一安心。時間が少しありそうだったので、龍馬歴史館を目指して野市という所まで足を伸ばしました。当時、大河ドラマで『龍馬伝』が放映されるということで、高知はちょっとした龍馬ブームでした。私も龍馬さんの大らかな生き方が好きです。この資料館では、龍馬さんの人生をいくつかのブースに分けて人形や映像などを駆使して展示していました。桂浜にある資料館ほどではないけれど、龍馬さんのことがよくわかりました。

さて高知に引き返し、この日泊まる予定にしていた高知龍馬ホテルにチェックイン。十六時チェックイン予定にしていたので二時間ほど遅れてしまったのですが、ホテルの人は心配して私の自宅に電話をかけてくれたそうです。ホテルに泊まった時に、そのようなことをしてもらったのは初めてだったので、そのお心遣いに感動しました。

その日の夜は高知城下へ出かけました。「よさこい亭」という居酒屋で、ちゃんばら貝とか高知の名物を食べました。ちゃんばら貝というのは、貝殻が刀の形に似ているからそういう名前になったのかなあと思われます。腹八分目くらいにしておいて、『旅サラダ』というテレビ番組でも紹介された「安兵衛」という屋台に行ってみました。とっても評判のいい店らしく、行列が出来ていて並んで待たなければなりませんでした。しかし、さもありなんという感じの、とてもおいしい店でした。パリパリサクサクに焼けて、ニラの隠し味がほど良く効いたギョウザが、とてもおいしかったです。ラーメンもなかなかでした。

次の日は、第二目的地である足摺岬へと向かいました。高知駅から一時間ほど列車に揺られ中村駅で下車し、足摺岬行きのバスに乗りました。この日はなんとバス代が百円！

すぐに足摺岬に向かっても良かったのですが、土佐清水市の清水バスセンターで下車し、ジョン万ハウスという所に行ってみました。海の駅という所の二階が、ジョン万次郎さんに関することを展示しているジョン万ハウスでした。ジョン万次郎という人は、この近くの出身の漁師さんで、漁をしている時に遭難しアメリカの漁船に助けられてアメリカに渡りました。その時に見聞きしたことが、帰国後取り入れられ、龍馬さん達が明治維新を成し遂げる原動力となるのです。山本一力さんの『ジョン・マン』という小説によると、一八四一年の一月に足摺岬沖で嵐に遭い船が難破し、小笠原諸島の鳥島まで漂流したのだそうですが、運良くアメリカの捕鯨船に救助され、アメリカに渡るのです。そういったジョン万次郎さんの人生と功績がよくわかりました。「土佐・龍馬であい」博のプレイベントが行われていてとても賑やかでした。展望所からの海の眺めが最高!!

黒潮市場という所で昼食を取って、いよいよ足摺岬に向かいました。足摺岬は室戸岬と違って岬の観光スポットの近辺に旅館はほとんどありません。足摺岬の市営駐車場、観光案内所の近くで宿を取り、岬へはシャトルバスで移動するのがおすすめです。というか岬の近くは旅館を建てることのできる地形でもなさそうでしたし、交通規制などもあって、そうするしかないみたいでした。

足摺岬からの太平洋の雄大な眺めは格別‼　室戸岬は優しいおだやかさを感じましたが、足摺岬は荒々しいなあと感じました。

その日は浦島旅館という旅館に泊まりました。夕食後、宿を抜け出し買出しを兼ねて散歩しました。きれいな星空を眺めながら歩きましたが、お酒を売っているような場所がいっこうに見つかりませんでした。ここならと思って足摺国際ホテルに入りましたが、お酒は売っておらず、おつまみだけを買って帰ろうとしていたら、親切にもお酒を売っている自動販売機のある場所まで車で連れて行ってくれ、おまけに宿まで送ってくれました。「であい博」があるからなのか、高知の人って親切な人が多いなと思いました。

最後の日は、海の眺めを楽しみながら中村駅へと引き返しました。「写真を撮るならどうぞ！」とバスを止めてくれ途中下車させてくれたのは良かったなあ。

中村駅前で昼食を取ったあと少し時間があったので、「安並水車の里」というたくさんの水車が回るきれいな水路のある所に行ってみました。稲刈りを終えたのどかな田園風景の見られる、いい雰囲気の場所でした。『故郷の空』という歌の「夕空晴れて　秋風吹き　月影落ちて　鈴虫鳴く」という歌詞を、思わず口ずさみたくなったのは私だけだったでしょうか。いやあ、そうしたくなっても不思議ではないと思われるほど、実にのどかで美しい、そんな田園風景でした。

中村駅まで引き返し、宿毛駅まで向かいました。これで遂にＪＲ四国の全線走破達成。今回の旅の全ての目的が終わり、愛媛へと向かう帰路につきました。

宿毛駅から宇和島駅までの行程が大変でした。バスを利用したのですが時間がかかって、宇和島から松山まで向かう列車に乗り遅れてしまいました。しかし、バスの車窓からの景色はなかなかでした。愛南町と呼ばれている所で、見所も多く、また行ってみたいです。

高知の多くの人の人情にふれることができ、愛媛県の魚とまた違う味を楽しめたりもして、太平洋の景色をじっくり見ることが出来た、とってもいい旅でした。

＊平成二十一年の秋に旅した時の記録をもとに作成しました。

新居大島を行く

私の住んでいる新居浜に、船で十分くらいで行ける、かつて「金島」とも呼ばれた島があります。その名は新居大島。新居浜市民はただ大島としか言いませんが、大島と呼ばれている島は日本に何箇所もあるそうなので、ここでは新居大島と書いておきます。今は百戸くらいしか人が住んでいない静かな、一周十キロくらいの島です。最近では、白いサツマイモで作られた焼酎やお菓子が、注目されるようになりました。

三年ぶりに新居大島を訪ねました。もとより私がこの島を訪れたのは初めてではなく、何度も訪れて、この島が好きになっていました。「新居大島プロジェクト」

という新居大島を盛り立てて行こうよという企画が立ち上がり、私も関わっていたので、久々に訪れてみることにしたのです。

新居大島へは、新居浜市東部の黒島という所に渡船乗り場のある港があるので、そこまで車で行って車を駐車場に止めて船で渡り島内は歩くか、自転車で行って船で渡り島内も自転車で移動するかがいいのではと思います。島内を車で移動することもできますが、道も狭いしあまりおすすめできません。

さてさて、十一時ちょうどに島に船が着きました。まずは、城が端（「じょうがはな」と読みます）という所を目指しました。まずは村上水軍関連の史跡を訪ねたいと思いました。室町時代頃に毛利氏に仕え、芸予諸島で活躍した村上水軍の発祥の地が、実はこの島であるという言い伝えがあり、その言い伝えに関わる人々が城を構えたといわれているのが、この場所なのです。大島を西回りで回ろうとすると、最初の岬の角の辺りにあります。ひっそりとした観音堂の前を通って、お墓の中の細道を登っていくと小さい祠がありました。村上左衛門太夫（「むらかみさえもんだゆう」と読みます）という人が砦を構えたとの言い伝えが残ったりもしています。この城が端からつながる尾根伝いに二の丸跡・本丸跡と城跡があります。下から見るとラクダのコブのように見える場所があり、それが城跡というわけです。そこから百二十度くらい東に角度を取った尾根伝いにも、城跡と思われる遺構の残っている場所があります。この島の一番高い所には、のろし台の跡に関する地名が残っていたり、それ以外の場所にも水軍が船を隠したといわれている「船隠し」という所があったりと、さも有りなんという気がします。城跡に行くまでの道の途中からの眺めがなかなか良かったです。

そんなこんなで史跡を訪ねた後、港近くの公園で、昼食を取ることにしました。おふくろの手作り弁当をつつきながら、冬で寒かったのでお燗機能付の酒を一杯。港付近の掃除をしてくれている人が「寒かろう‼」と言ってお湯を飲ませてくれてホッ！　身も心も温まる～♪♪

昼食後は、港より東側のもう一つの史跡ゾーンを訪ねました。徳川吉宗の親戚筋になる伊予西条藩のお殿様が参勤交代の途中で立ち寄ったという、村上大庄屋さんの邸宅跡をまず訪ねました。多少改築した跡はあるものの、いまだに昔ながらの門構えが残っていました。この近辺には、その昔この島が「金島」と呼ばれていたほど栄えていたことを想像させる立派な建物がたくさん残っているし、お寺もいくつかあります。継母にいじめられたお雪という女の子を亡き実母が片袖を渡して慰めたという「ゆうれいの片袖」という昔話の残っている願行寺と、和歌山藩のお抱えの相撲取りにもなった大男・石槌島之助の墓がある吉祥寺といったところが主だった場所かな。

そういう名所旧跡を回った後は、新居大島をサイクリングで一周することにしました。この島の北半分の海岸は、とてもきれいです。瀬戸内海ってまだまだ捨てたもんじゃないよって思わせてくれる所が、こんな身近にあるってやっぱいいです。

びくに磯・古江と呼ばれている砂浜を見ながらゆっくりと行くと、登り坂が続き高台に出ました。そこにこの島唯一の宿泊所であるオレンジハウスがあります。いつか泊まってみたいと思いました。村上水軍関連の船隠しという浜辺に下りて行けます。プライベートビーチにしている人もいるようです。この付近からちょっと西に行った所からの眺めが最高で、天気の良い時にはしまなみ海道の通る芸予諸島の島々がたくさん見えることがあります。この日も天気が良く、景色が最高でした。

ゆっくり海を眺めながら自転車を走らせると心身ともにリフレッシュできました。

新居大島は、ちょっとくつろぎたくなる時にちょこっと行けるいい場所で、今、元気プロジェクトという団体や新居浜市の物産協会や地元の公民館とつながって、新居大島の物産を宣伝したり、新居大島のいい所を伝えていこうという取り組みが始まっているので、これからが大いに楽しみです。

＊平成二十一年の冬に久々に訪ねて記録したことをもとに、まとめてみました。

佐田岬・佐賀関の旅

愛媛県佐田岬周辺に、タコを食べない文化というのがあります。タコが抱えていた宝珠やご神体を海人が引き上げたところ、海の嵐が鎮まったりして村に穏やかな生活が訪れたという言い伝えがあり、それにあやかってタコを食べない漁村が多いというのです。ふとしたことで今もそうなのか調べてみることになったので、佐田岬周辺を旅しました。

四国の西の端、人さし指で指差してぐっと腕を伸ばしたような形の岬が佐田岬です。便数は少ないですが、運賃も割安ですので松山市駅という所から特急バスで行くのがおすすめです。が、今回は八幡浜まで鉄道で行き、そこからバスで岬まで行くことにしました。八幡浜駅から一時間とちょっと、きれいな海を眺めながら行きました。三崎という町がありそこがバスの終着点。八幡浜駅から三崎まで乗った人は私一人で、途中から貸しきり状態でなんか贅沢!! 三崎に着いてバスを降りる時に運転手さんが、「(大分行きの)船に乗るん?」と。私は、「いや、今日は、三崎に泊まります」とポツリ。「そうなの?」と運転手さんは不思議そう。マイカー時代だからかバスに乗るのは珍しいのかなあと思いました。

三崎町内を行くバスは無さそうだったので、タクシーで泊という集落にある客神社を訪ねました。タコを描いた幕が飾ってあると聞いていたからです。しかし、風雨にさらされるのを避けるため普段は飾らないのか、その日見ることは出来ませんでした。神社の外壁に幕を飾れそうな金具が付いていましたので、祭礼のある日には飾るのではと思いました。連れて行ってくれた運転手さんが親切な人で、地元の人に色々と聞いてくれました。「幕のことはよくは知らないけれど、ここの浜でとれたタコを、ここの土地の人は今も食べないらしいよ」とのこと。いやあそういったことがまさに知りたかったので、とてもうれしかったです。

その後は「民宿大岩」まで向かいました。こういう機会でもなければ通らないだろうという道を通ったので、二度とは見られない景色のように思えて最高でした。『岬めぐり』という歌の、「岬めぐりのバスは走る　窓にひろがる青い海よ」という歌詞が何度も脳裏を駆け巡りました。見舞鼻にある灯台も良かったなあ。

「民宿大岩」に十五時ころ到着。運転手さんにお礼を言って別れました。「民宿大岩」は四国最西端にあるということで人気のある宿です。宿から二十分ほど車で行った後、一時間ほど歩くと岬の一番先の灯台に出ます。ここからの景色は最高です。旅館の夕食に出たアワビ、サザエなどのバーベキュー、旬の魚のお刺身や揚げ物がおいしかったです。

旅館の周辺は正野という集落なのですが、この集落ではタコを食べないという風習はなくなったと聞いていました。しかし、よく考えてみたら旅館で出された夕食には、タコは酢の物の中にちょっぴり切り身が入っているだけでした。旅館の夕食のお刺身って、タコがよく出ているものですが……。ここの集落でも、今もタコをあまり食べないようにしているのかなと思いました。

翌日はいよいよ、九時三十分の船で佐賀関に渡りました。関サバ、関アジで有名な町です。佐賀関にもタコを食べない文化が残っていると言われています。

太古の昔、神武天皇という天皇が九州から大和へ向かって移動したという、日本国の起源にまつわる記録があるのですが、それに関する伝説が佐賀関に残っていて、タコを食べない文化もその伝説と関係があるのです。

「神武天皇が、豊予海峡を行こうとした時、海が荒れて一向に進まず困っていた。黒砂・真砂（「いさご」・「まさご」と読みます）という姉妹の海女が海に潜ってタコの抱えていた剣を持ってきたら嵐がおさまったが、二人の海女は死んでしまった。天皇は二人の海女を弔い、その時二人が持ってきた刀が、佐賀関の早吸日女神社（「はやすひめじんじゃ」と読みます）のご神体である」というような言い伝えで、「しばらくの間、タコを食べません」と書いたタコの絵馬を飾る蛸断祈願というのが、佐賀関の早吸日女神社で行われているとのことでした。そのようなことが今はどうなのか、見て回りたいと思っていたのです。

港から佐賀関の中心部とは場所が離れているようだったので、バスで移動することにしました。佐賀関は初めてではなかったのですが、地理があまりわからなかったので、佐賀関市民センターに向かいました。これが大正解でした。郷土資料をコピーさせてもらったり、行きたいと思っていた所を色々と教えてもらったりしました。神社はともかく、黒砂・真砂の姉妹の海女を祀った若獅子社という所は、教えてもらわないとわからないような所にあったので、聞いておいて良かったと思いました。由緒を書いた石碑と、小さい祠が二つと、「ともづな松」と呼ばれている綱を巻きつけた松の切り株がありました。神武天皇に命を捧げた姉妹の勇敢さを偲びました。

若獅子社へ向かう道とは反対の方角に、十分ほど歩いていくと早吸日女神社がありました。地元の人には、「関の権現様」と呼ばれているようです。ちょうど夏祭りの行われていた時季で、町に山車が出ていたり、境内の入り口に出店が出ていたり、夜は花火大会があったりと、賑やかでした。町の歴史を訪ねたりしてあっちこっちを歩きましたが、祭りのある日に行けたことってあまりなかったので、権現様のお導きかなと思ったし、この町の賑わいを楽しむことができました。子供たちがたくさん乗った山車はとても可愛らしかったです。

この町の人がタコを食べないかどうかは、よくわかりませんでした。神社等の出店には、タコ焼きがなかったし、この日に泊まった宿の夕食にはタコが一切出ていなかったので、やっぱりこの町の人は、タコを食べないのかなと思いました。神社の本殿に「当分の間、タコを食べません」と書いた絵馬が、何枚も飾られていました。これはなかなか見ものでした。社務所に飾っていた「蛸断祈願」の文字が書かれたタコのイラストの写真を撮っていたら、「何撮りよん?」と、宮司さんのご家族と思われる人懐っこそうな少年が、近づいてきました。私がイラストを指差すと、「あ〜、タコ!?」と笑って去って行きました。たぶん宮司さんのご一家もタコを食べないのでしょうね。

名物の関サバ、関アジは食べ損ねてしまいましたが、とある漁村の風習のちょっとした面白さを味わえたし、町の人の人情にも触れることができたので、いい旅でした。

＊平成二十二年七月にこの地を旅して記録したことをもとにしたためました。

玉取り説話とタコ

「兵庫県・明石周辺の思い出」の章でも紹介している昔話に、「海人の玉取り説話」という昔話があります。その話は、「王様や村人に頼まれた海人が、海底にいる龍やアワビが抱えている真珠（宝玉）を、海に潜って取ってきたことにより、王様は面目が保てたり、疫病や嵐が治まったということで、周辺に住んでいる村人は平穏に暮らせるようになりました。けれども、海人は深い海に潜ったことがもとで病気にかかって死んでしまうのです（龍と格闘して傷を負って死んでしまうという話もあります）。村人たちは海人の勇敢さをたたえて墓を立てていつまでも弔いました」というような内容です。明石市や徳島県に伝わっている海人・男狭磯の伝説や、香川県の志度寺の創建にまつわる話という形で全国各地に残っています。

この海人の玉取り説話の類話と考えていい話が、「佐田岬・佐賀関の旅」の章でも紹介した、タコを食べない文化とも結びついてこの周辺の地域に残っています。話の大筋はほぼ同じで、海人が潜って取ってきたのが、真珠（宝玉）ではなくご神体や刀であるということです。海人がそれらを担ぎ上げてくることによって、愛媛県の佐田岬周辺の村では嵐が治まったり、九州佐賀関では神武天皇が東に向かうのに海が荒れて難渋していたのが進めるようになったというような話が、近くの神社の創建にまつわる話として残っています。その海人が担ぎ上げようとして海に潜った時に刀などを抱えていたのがタコだったので、これらの地域では、タコを神聖視し、タコを食べない文化が残るようになりました。

刀禰勇太郎さんの書かれた『蛸』という本によりますと、タコを神聖視するようになったのは、タコには吸盤があるので、イボやホクロ、眼病に効くという信仰が江戸時代に全国的に広まるようになったことと関係があるそうです。愛媛県にも蛸薬師という神社やお堂が六箇所もあり、そのうち五箇所が愛媛県の南予地方にあります。伊方町三崎の正野神社、西予市明浜の春日神社、愛南町福浦の若宮神社、津島町岩淵の蛸薬師、宇和島市九島の蛸薬師の五箇所です。伊方町三崎の正野神社や西予市明浜の春日神社周辺では今でもタコを食べない文化が残っており、宇和島市九島の蛸薬師はイボに効くということで地元の人に信仰されているようです。タコを神聖視することは、江戸時代に信仰が広まることによってこれらの地域に伝わったということなのでしょうが、昔話についてはどうなのでしょうか。

兵庫県や徳島県から伝わったのか、中国や沖縄から直接伝わったのか不明です。松本信一さんの『瀬戸内海の伝説』という本によりますと、香川県の志度寺にまつわる話にタコの話があるのだそうです。香川県の志度寺にまつわる話は龍と海女の話としか聞いていなかったので、龍と海女の話がタコの話に転化した時期が問題となるので、改めて調べてみようと思っています。

主要参考文献

川西利衛『鞆幕府』（福山商工会議所・昭和五十八年）
岩田準一『志摩の海女』（昭和四十六年）
谷原博信『寺院縁起と他界』（岩田書院・平成十年）
林屋辰三郎編『兵庫北関入船納帳』（中央公論美術出版・昭和五十六年）
滋賀県新旭町『自然とともに生きる』（平成十六年）
印南敏秀『里海の生活誌』（みずのわ出版・平成二十二年）
『高知県立歴史民俗資料館総合案内』（平成六年）
山本一力『ジョン・マン―波濤編』（講談社・平成二十二年）
矢野益治『注釈・西条誌』（新居浜郷土史談会・昭和五十七年）

愛媛県教育委員会『愛媛中世城館跡』(昭和六十二年)
新居浜市教育委員会『地名の由来・新居浜』(昭和五十五年)
山内鉄雄編『―甦る歴史とロマンの島―今昔大島物語』(新居浜市高齢者生きがい創造学園・平成二十年)
武智利博『愛媛の漁村』(愛媛文化双書刊行会・平成八年)
刀禰勇太郎『蛸』(『ものと人間の文化史』七十四号・法政大学出版局・平成四年)
松本信一『瀬戸内海の伝説』(関西通信社・昭和四十五年)
田辺悟『海女』(『ものと人間の文化史』七十三号・法政大学出版局・平成五年)

あとがき

日本には、美しい海、山、川があります。決して山や川がきらいというわけではないのですが、私は特に海が好きです。良く晴れた日の日本の青い海、朝日や夕焼けに輝く日本の海の美しさは、観光客がたくさん訪れる外国の海の美しさに勝るとも劣らないと私は思っています。

なので、無性に海が見たくなる時があり、あっちこっちの海辺の町を旅して回りました。旅の目的は、ちょっとした息抜きだったり、所属している歴史研究の会の冊子に投稿する原稿の内容に関する取材だったり、海を守り伝えるための活動に参加したついでであったりとさまざまですが、その目的にかこつけたりつけなかったりといったところではありました。海辺の町の雄大な自然やさまざまな歴史や文化を訪ねながらあっちこっちに出かけて行って、その土地ならではの旬の魚介類を食べて地元の美味い酒を飲み、地域の方と交流したりするのは何ともいえない喜びでした。

そういう旅を続けているうちに、写真を撮ったり現地で学んだことや体験したことを書き留めることが、いつからか日課のようになっていました。そのようにして書き溜めたものをまとめていつか本にしたいなあと思っていたところ、「母なる海に癒されて」という原稿が目に留まり、そうこうしているうちにこの本が出ることとなりました。この「母なる海に癒されて」という作品の舞台である広島県の鞆の浦は、私の原点といっていい所で本当に懐かしいです。

この本に収められている作品のほとんどは、海辺の町について書いたものなのですが、一作だけ内陸の滋賀県を旅した時に書いたものを入れさせて頂きました。日本の海として、琵琶湖や霞ヶ浦といった湖も含めて扱われることはよくあるし、私が美しい水辺を守り伝えようという会を始めたきっかけになった所でもあるからです。

その他の場所も懐かしく、嗚呼、それぞれの土地での思い出が走馬灯のように駆け巡ってきます。だからこの旅がやめられないのだと思います。

それぞれの土地で出会った人やこの本を出すということで温かい言葉をかけてくださった人、そしてこの本を出すきっかけを与えてくださり制作に関わってくださった皆様に、心から感謝して筆を置きます。

情報は各章末に記載した時点のものです。

著者プロフィール

内海 清慈（うつみ きよじ）

昭和40年５月20日生まれ。愛媛県出身。

ソーシアル・リサーチ研究会等の歴史の研究会に所属して海に関する歴史と文化を研究するかたわら、自然との共生をテーマに「豊かな水辺ネットワーク」「にいはま暦の会」という会を立ち上げて環境保護活動に取り組みながら、地域の魅力の再発見（元気プロジェクト所属）や愛媛銀行各支店等での美しい水辺の写真展を精力的に行う。

過去に執筆した原稿：「海人の伝説ノート」（『ソーシアル・リサーチ』34号・ソーシアル・リサーチ研究会）、「南予周辺の玉取り説話について」（『ソーシアル・リサーチ』36号・ソーシアル・リサーチ研究会）他

本文写真／著者撮影

母なる海に癒されて

2012年４月15日　初版第１刷発行

著　者　内海 清慈
発行者　瓜谷 綱延
発行所　株式会社文芸社
〒160-0022　東京都新宿区新宿１－10－１
電話　03-5369-3060（編集）
03-5369-2299（販売）

印刷所　広研印刷株式会社

ISBN978-4-286-11824-6　日本音楽著作権協会（出）許諾第1200780－201号